mi mini biografía

Booker T. Washington

Cherry Lake Press

Publicado en los Estados Unidos de América por Cherry Lake Publishing
Ann Arbor, Michigan
www.cherrylakepublishing.com

Asesor de contenido: Ryan Emery Hughes, estudiante de doctorado, Escuela de Educación, Universidad de Michigan
Asesora de lectura: Marla Conn MS, Ed., Read-Ability, Inc.
Ilustrador: Jeff Bane
Traducción por Editec Soluciones Editoriales

Créditos de las fotos: © Carol M. Highsmith/Library of Congress, 5; © The Story of My Life and Work (1901)/archive.org, 7; © The Elementary Spelling Book (1866)/archive.org, 9; © Frances Benjamin Johnston Collection (Library of Congress), 11, 15;© Booker T. Washington Collection (Library of Congress), 13; © Detroit Publishing Co./Library of Congress, 17; © Everett Historical/Shutterstock, 19; © Harris & Ewing/Library of Congress, 21; Cover,8, 10, 18, Jeff Bane; Todos los marcos de las imágenes, Shutterstock Images

La información del catálogo de publicación de la Biblioteca del Congreso ha sido presentada y está disponible en catalog.loc.gov.

Impreso en los Estados Unidos de América

contenido

Sobre la autora: Emma E. Haldy es bibliotecaria y una orgullosa ciudadana de Michigan. Vive con su esposo, Joe, y una colección de libros que no deja de crecer.

Sobre el ilustrador: Jeff Bane y sus dos socios son dueños de un estudio cerca del río de los Americanos en Folsom, California, que es donde se originó la fiebre del oro de 1849. Cuando Jeff no está dibujando o ilustrando, está nadando o navegando en kayak por el río para relajarse.

mi historia

Nací en Virginia en 1856.

Era negro. En mi familia eran **esclavos**.

¿Dónde y cuándo naciste?

Eso terminó cuando tenía nueve años. Éramos libres.

Pero éramos pobres. Tenía que trabajar.

Yo quería ir a la escuela.
Mi madre me apoyaba.

Me compró un libro.
Aprendí a leer solo.

THE
ELEMENTARY
SPELLING BOOK;
BEING
AN IMPROVEMENT
ON
"THE AMERICAN SPELLING-BOOK."
BY
NOAH WEBSTER, LL.D

Trabajaba. Pero también iba a la escuela.

Fui a la universidad. Me hice profesor.

Fui director de una nueva escuela. Estaba en Alabama.

Era una escuela para negros.
Tenía pocos **recursos**.
Yo podía ayudar.

¿Por qué es importante ir a la escuela?

La escuela enseñaba oficios. Los estudiantes consiguieron trabajo.

Ayudé a que la escuela fuera un éxito. Tenía muchos recursos.

Estaba orgulloso. Creía en el poder de la educación.

Tenía otras ideas.
El trabajo y el dinero
ayudarían a los negros
a **progresar**.

Compartí mis ideas.
Escribí libros. Creé
grupos. Di discursos.

Fui un **defensor** de la educación. Ayudé a mi comunidad hasta mi muerte.

¿Qué te gustaría preguntarme?

Línea de tiempo

1865

1850

Nació en 1856

1881

1950

Murió en
1915

glosario & índice

glosario

defensor persona que protege otra persona o una idea

esclavos personas privadas de sus derechos y que son tratadas como propiedad de otras personas

progresar avanzar

recursos dinero u otras cosas útiles

índice